·青春期自救手册·

别人眼中的我不是我

[法] 菲利普·卡贝斯唐（Philippe Cabestan）著
[法] 阿尔弗雷德（Alfred）绘　时征 译

中信出版集团 | 北京

图书在版编目（CIP）数据

青春期自救手册 . 别人眼中的我不是我 /（法）菲利普 · 卡贝斯唐著 ;（法）阿尔弗雷德绘 ; 时征译 . -- 北京 : 中信出版社 , 2023.9（2024.4重印）

ISBN 978-7-5217-5827-6

Ⅰ . ①青… Ⅱ . ①菲… ②阿… ③时… Ⅲ . ①心理健康－健康教育－少儿读物 Ⅳ . ① G444-49

中国国家版本馆 CIP 数据核字（2023）第 118145 号

青春期自救手册 · 别人眼中的我不是我

著　　者：［法］菲利普 · 卡贝斯唐
绘　　者：［法］阿尔弗雷德
译　　者：时征
出版发行：中信出版集团股份有限公司
（北京市朝阳区东三环北路27号嘉铭中心　邮编　100020）
承 印 者：北京瑞禾彩色印刷有限公司

开　　本：787mm × 1092mm　1/32　　印　　张：1.25　　字　　数：16千字
版　　次：2023年 9月第 1 版　　印　　次：2024年 4月第 4 次印刷
京权图字：01-2022-3949
书　　号：ISBN 978-7-5217-5827-6
定　　价：13.80元

服务热线：400-600-8099
投稿邮箱：author@citicpub.com

名字能代表我们的身份吗？

我们可能都还记得《奥德赛》中有这样一个情节：在返回伊萨卡与妻子珀涅罗珀团聚的漫长旅途中，奥德修斯误打误撞地来到了独眼巨人的领地。在那里，他遇到了其中一个特别可怕的家伙波吕斐摩斯。波吕斐摩斯是个拥有旺盛食欲的大怪物，他将奥德修斯的好几个同伴都吞进肚子吃掉了。当他想要知道奥德修斯的名字时，奥德修斯告诉他："我的名字叫没有人。我的父亲、母亲和所有同伴都叫我没有人"。正是这个机智的答案救了他的命。当夜幕降临的时候，他将一根巨大的木桩戳进了波吕斐摩斯的独眼之中。波吕斐摩斯发出痛苦的号叫，其他巨人听到之后纷纷赶了过来，想要知道究竟是谁让他如此痛苦不堪。他回答道："没有人。"于是，其他巨人都离开了，只留下瞎了眼的波吕斐摩斯独自饱受痛苦的折磨。就这样，一个简单的文字游戏让奥德修斯隐藏了自己的身份，从而免遭死亡的厄运。

不过，当安全了之后，他还是把自己的真实身份泄露给了波吕斐摩斯：“如果有人问你是谁让你失去了眼睛，你就说这一切都是奥德修斯干的，他是特洛伊城的摧毁者、莱耳忒斯的儿子，住在伊萨卡。”

荷马所作的史诗中这个著名的片段提醒我们，人有时候会拿自己的身份开玩笑；同时，它也告诫我们一定要小心，不要轻易泄露自己的身份。奥德修斯利用假身份给波吕斐摩斯设下了一个陷阱，而独眼巨人恰好掉了进去。这个情节让我们知道了一件事：一个人的身份是建立在姓名之上的。

> **“一个人的身份是建立在姓名之上的。”**

我是谁？你是谁？你们是谁？他们又是谁？我们总是会使用一个特有的名称来回答这个问题，这个名称有可能专属于某个人、某个家庭、某个国家。这个特有的名称能够定义某个人，并将他与其他人区分开来。为了充分理解它的重要性，我们可以想象这样一个世界，在这个世界里，每个人都只拥有一个编号，就像我们的社保号一样。

不过，这样的世界还符合人性吗？否定一个人的所有身份，将其简化为一个编号，这难道不是一种深深的贬低吗？

事实上，家长们在孩子出生之前会花很多的精力替他取一个名字，让他能够跟其他拥有相同姓氏的人区分开来。因此，姓名就代表了一个人的身份。有些人还会给自己的宠物起名字，这也是为了赋予它们一种个性，甚至是人性。在《101忠狗》中，彭哥和白佩蒂并不单单是罗杰和安妮塔养的狗，它们被塑造成了一对拟人化的狗夫妇。而在《狮子王》中，当荣耀国的所有动物都在欢庆小王子辛巴的降生时，狮王木法沙的弟弟刀疤却独自一人闷闷不乐，因为他想要有朝一日登上王位的希望破灭了。

身份证能说明我们是谁吗？

《奥德赛》中的那个情节还让我们认识到，一个人要隐姓埋名、不为人知也并不是一件那么容易的事！这无疑也是奥德修斯在摆脱了独眼巨人的控制之后会将自己的真实身份和盘托出的原因。而且他不只说出了自己的姓名，还将自己过去的最高成就（“特洛伊城的摧毁者”）、血统（“莱耳忒斯的儿子”）和家乡（“伊萨卡”）也一股脑儿告诉了对方。这就相当于奥德修斯将自己的“身份证”展示给了波吕斐摩斯。

那么，通过这些不同的参考信息，就能够知道他是谁了吗？这些信息是否充分呢？是否还需要其他信息？这个由他自己抛出来的身份，是否也仅仅是一个虚假的身份？在它之下，是否还隐藏着一些连他自己都忽略掉的真相？换句话说，知道了一个人的姓名、出身和过去的一些行为，是否就能确定他的身份？

我的身份证确实注明了我的很多信息。身份证上有我的姓名、性别、出生日期和出生地，还有证件照和签名（我对这个签名感到非常骄傲，因为它非常独特，而且很难模仿）。

这个证件能准确描绘出我的形象吗？首先，我感觉很奇怪的是，为什么有些信息会显得如此重要（比如，为什么要注明我是男性？），而其他信息则被忽略掉？同时，我还注意到，这上边的信息非常不完整。从外在层面来说，就还有很多可以补充的内容，比如我的眼睛和皮肤的颜色、

我说是什么就是什么！

我的脚的尺码或我的牙齿状况等。在内在层面，它完全没有提到我的性格特征以及我暴躁易怒的脾气性情。在社会层面，它也没有注明我的婚姻状况、我的文凭学历和我的职业。如果我的身份证只能在没有太多错误风险的情况下识别我的身份（毕竟假证件一直都还是存在的），那么它就不能真正回答这个问题：我是谁？

说实话，“真正回答我是谁”应该不是身份证的主要功能，而且即便它很完整地描述了我的情况，也不足以确认我的身份。因为它只不过是把我的瞬时状态展现出来了而已。也就是说，它所体现的只是我在这个证件制作的那一时刻的形象，现在已经过了好多年，我已经不再是原来的样子了。我的姓名并没有变，但在签名的时候被简化了，面容也发生了一点点变化。如果将现在的我跟我儿时的身份证放在一起来比较，区别更是显而易见，单凭那上面的相片已经很难辨认出我的样子了。

因此，在谈论我们的存在时，必须要考虑到

一个基本维度，那就是时间维度。当我问自己“我是谁”这个问题时，究竟指的是过去的我、未来的我，还是现在的我？我也许会得到这样的答复：是指此刻的我。不过，稍作思考，我就会给出另一个答案。

我希望了解的不仅仅是现在的我，而是包括了我的过去、现在和未来。换句话说，如果我问自己这个问题：我是谁？我是希望通过我的人生中所发生的不同变化来了解自己。至于我的容貌是变得精致还是棱角分明了，我的体重是增加还是减轻了，我是变聪明还是变忧郁了，诸如此类其实都并不重要。事实上，通过“我是谁？”这个问题，我想要寻找的是自己在不断变化的过程中所保留下来的独特个性，这才是我的核心。

谁能告诉我“我是谁”？

这个问题看似简单，但却很难做出回答。我

在自己个性深处所设想的这个“我”、这个“自己”或是这个“哲学概念中的自我”究竟是什么？当我在生活中发生了变化时，有什么是始终没有改变的？

在创作于17世纪的《第一哲学沉思集》中，**笛卡儿**在第二个开篇部分就提出了这个问题。

事实上，条理清晰的提问所带来的思考，让哲学家推翻了自己“过去的观点”，悟出了一条绝对不容置疑的真理——我是存在的。随后，他又开始思考自己究竟是什么。他认为自己是“一个会思考的物体”，换句话说，是“一个在怀疑、在领会、在肯定、在否定、在表达愿意或不愿意、在想象，也在感觉的物体”。因此，从形而上学的观点来说，我是一个会思考的物体，也就是说，是一个天生就会思考的物体。提出疑问，进行假设，加以证实，在我的思维过程中，这些不同的步骤不断交替。

我是谁？一个“在思考的物体”。可是，我

们所寻求的答案是这样的吗？显然不是。当我问自己“我是谁”的时候，我并不想知道我作为一个人类个体的天性所在，因为保罗、玛丽昂或者其他任何一个人都拥有同样的天性。

“我在寻找的是那些让我成为我自己的东西，换句话说，那些让我成为与众不同的个体的东西。”

我在寻找的是那些让我成为我自己的东西，换句话说，那些让我成为与众不同的个体的东西。简而言之，我想要了解自己的独特个性，就是那些能确定我身份的先天和后天特征的总和。

比如，我想要知道我是否聪明、善于社交、值得信赖，诸如此类。“我是谁”这个问题其实还隐含着另一个截然不同的问题：除了从哲学层面（我的天性是什么？），还要从心理学层面（是什么让我成为我而不是别人？）来看，我究竟是谁？后者需要观察和分析一个人的生活和个性，并试着从所有特征之中将那些与“我”和“自我”

身份不是一种继承，而是一种创造。它创造了我们，我们也在不断地创造着它。而且，我们只有到了第二天才能认识它。我的身份是多重的，也是多样的。

马哈茂德·达尔维什（巴勒斯坦诗人）

有关的部分抽丝剥茧般地抽离出来。比如，我可以说自己有点儿懒惰,不怎么贪吃,但生活很幸福。

不过，如果这不是我，谁能告诉我这一点？说得更通俗些，我要如何才能知道我是谁呢？我得到的第一个答案是：我懒惰、不贪吃、生活幸福，这些都是我的自我特征，我通过内省，即通过观察自己发现了这些特征。

可是，对我来说，客观地认识自己的优缺点是否就足够了呢？即使是和我认识很久、很了解我的身边人，也无法做到完全了解我，而我每次在他面前所呈现出来的样子也不会总是一样。而且他的客观性也同样有待检验，毕竟他很可能不敢把他对我的看法直接告诉我。出于无奈，我可能会求助于性格测试或是打开一本杂志，认真完成那上边的爱情测试。结果也许会告诉我，我在面对爱情时是压抑的、害羞的、勇敢的还是固执的。

我是精神的还是物质的？

我是谁？“一个会思考的物体”，这是笛卡儿给出的答案。可这不是个错误的答案吗？对于主体它给出了错误的概念。笛卡儿怎么会把自己当作一种物体呢？他怎么能将人类的存在方式与物体混为一谈，并把自我定义为一种会思考的物体呢？

随着时间的推移，到了20世纪的时候，德国哲学家**马丁·海德格尔**给出了完全相反的结论，他认为人类和物体的存在方式从根本上是不同的。因为人类的存在与时间密不可分，我的存在总是和我的过去与未来关联在一起。生活，就是要不断计划未来的事情（比如：我给皮埃尔发消息跟他定一个约会，我买了一张去柏林的机票，等等）。生活，也会与过去已经发生的一些事

> “人类的存在与时间密不可分，我的存在总是和我的过去与未来关联在一起。”

息息相关，这些事或多或少都影响着我的现在（比如，去年我失去了一位亲人，我的身体恢复得一直不太理想，等等）。

就像哲学家**让-保罗·萨特**在《存在与虚无》中所写的那样，所谓存在，总是在自我之前和自我之后。

对于两种不同的身份，必须要对比来看。如果我再次看到了之前曾见过的某样东西，对我来说，我看到的是一样的。我的手机不见了，我找了半天，把所有地方都翻遍了，最后在床脚下找到了。严格来说，它就是我之前找不到了的那部手机。这并不是另一部和我的手机一模一样的手机，这就是我的手机，里面有我的 SIM 卡、PIN 码（即个人识别密码）以及我通讯录里的所有联系人。

而说到实物身份，笛卡儿曾举过这样一个例子。一块蜡在靠近火的时候，会因为受热的缘故而熔化。

虽然失去了最初的硬度，但它还是原来的那

块蜡。这是很容易得到证明的，虽然形状发生了变化，但这块蜡的本质没有任何变化。对于物体或物质来说，即使它在某些性质的影响下发生了相应的变化，但它的本质仍然是保持不变的。因此，无论是液态、固态或气态，水在本质上都仍然是水。物体所出现的变化都是由它的性质所决定的。

为了描述这种固定不变的身份，20 世纪的法国哲学家**保罗·利科**提出了一个“固定身份 / 认同”的概念。

如何看待我们身份中的矛盾之处？

而针对人类，我们需要另一个身份的概念。当然，我们可以用“客观”的眼光看待他人，就像看待一件物品一样。

比如，有一天，我遇到了劳拉。在此之前，我已经好久没见到她了。从表面上看，她发生了一些变化，比如，她把头发剪短了。但我仍然一

下就认出了她，她就是劳拉，我的老朋友。换句话说，即使她做出了一些改变，但仍旧是同一个人，外在的变化并没有影响我将她辨认出来。

不过，如果站在人的角度来审视她的话，是什么让我得出她就是劳拉这个结论呢？毕竟和所有人一样，随着时间的推移，劳拉也不断发生着变化，她会变得和现在不同，而且也不会回到过去的样子。即使她在一把椅子上一动不动地坐了一个小时，她也不再是一个小时前坐在椅子上的那个她了。可是，如果我问她一个小时前坐在椅子上的是不是她时，结果不言而喻，她一定会给

出肯定的答复。

这就是人类身份的矛盾之处：我已经不再是曾经的我了，但我仍然是那个我。你一定会觉得这很荒谬，而且会认为这样一个结论超出了我们的常识。这对于我们的逻辑乃至为身份限定的原则同样也是一种挑战，我们通常会根据这个原则来确定一个物体（或一样东西）是什么。

“这就是人类身份的矛盾之处：我已经不再是曾经的我了，但我仍然是那个我。”

我怎能做到既是我又不是我呢？答案很简

单，因为我并不是一个物体。一个人的身份和一个物体的身份是不同的。虽然一开始难以理解，但我们还是认可了这个关于人类身份的定义。当艾蒂安指责我在多年前偷拿了他父亲在他十岁时送给他的手表时，有人会说，过了这么久之后应该都没有时效性了。无论是被偷的孩子还是偷拿东西的孩子，都属于那段已经结束的过去了。

可是如果我坚持说那个偷拿手表的人并不完全算是我，就属于自欺欺人的行为了。我很清楚那个曾经的孩子与现在这个成年的我之间的延续性，我很清楚我的过去和我的现在之间的关系。

涉及未来，其实也是同样的道理。即便我现在跟未来的自己并不一样，但我的现在和我的未来之间也存在着延续性，就像我现在也并不是原来的我一样。比如，我答应了克洛艾不把她跟我说的事情告诉她的丈夫格雷瓜尔，这个承诺就对我产生了约束，无论在怎样的情况下，我都被认为应该信守这个承诺。做出承诺的虽然是之前的我，但这个约束对于未来的我依然有效。如果明天我把克洛艾的秘密告诉了格雷瓜尔，她会认为我违背了承诺，但她指责的是食言的我，而不是当初那个做出承诺的我，但其实食言的我和那个做出承诺的我是同一个人。

因此，为了定义人的身份，必须要承认内在的延续性以及主体在时间上的不确定性。我们未来的行为是无法提前确定的。正因如此，利科才会将物体的“固定认同”（即固定且闭合的身份）与人类的“叙述认同”（即变化而开放的身份）进行了区分定义。

从前和现在的我，哪个才是我？

这让我们认识到自身存在的另一个基本维度。我做出的承诺会使我受到约束，它也因此变成了我的责任。但是，我可以选择不信守这个承诺，这具有偶然性，也就是说，它完全取决于我，由我自由决定。我是什么样子，取决于我想成为什么样子。

我是谁？我是否值得信任？因为我的每一刻存在都是瞬时而偶然的，我可以说我已经不再是原来的我了（即使我承认自己曾经做过什么），同时，我也可以说我将不再是现在的我。既然我可以自由选择自己成为什么样，那么我就可以做出另外的选择。为了更好地理解这一点，我们可以持续关注一个动作、一项活动或一种倾向等。

在孩童时期，我偷拿了小艾蒂安的手表。我犯下的这个错误，是否足以让他把我当作一个小偷来对待？因为偷拿过一块手表，我就是一个小偷吗？既是，又不是。说是，因为我确实曾经偷过，对于艾蒂安和所有知道这件事的人来说，我就是一个小偷。这个标签从那之后就一直贴在我的额头上了。可这是不是太不公平了呢？就像前面所说的，这件事已经过去很久了，而且我这一辈子就偷过这么一次，之后都没有再做过同样的事。

HAPP
50

换句话说，我并没有坚持这种不良的行为，而是在那之后都选择诚实地做人，用自己的行为打破了那句谚语的预言：幼时偷针，长大偷金。那么，把我当作一个小偷，难道不过分吗？

在这里，我们看到了两个截然不同的身份概念。艾蒂安在将我定义为一个小偷时，给我设定了一个属于物体的固定身份：今后，我就一直是一个小偷了。可实际上，如果我的身份属于一个自由主体的可变身份，我们就可以做出如下推论：即使我曾经偷窃，即使因为存在的延续性，我还是曾经偷窃过的那个我，但我已经选择不再这么做了，因此我已经不再是那个曾经偷窃过的我了。即使我是个小偷，也不能认定我是一个彻头彻尾的小偷。当“是”这个动词让我们错误地认为所有人类行为（无论行为人是我们自己还是其他人）都始终一成不变的时候，我们就会和小艾蒂安持有同样的观点。

再来说说我的职业吧。我现在是一名老师。

这又意味着什么呢？与我曾经在小时候偷过一块手表不同，我已经教了好久的书了，而且我希望自己还能继续从事这个职业更长的时间。有些人认为我的言谈、我的穿着、我的娱乐以及我的度假方式都不太像一名老师！不过，不管怎样，老师显然不是我先天具有的身份（固定认同）：我以前是老师，而等我退休了，也就不再是老师了。即便是在工作的这些年里，我也不是二十四小时不停地教学，当我去看电影、去度假或去朋友家串门的时候，我的身份就不是一名老师了。

“我就是老师，还是在扮演老师?”

实话实说，就像学生、商人或工会成员一样，这个身份代表着一个与我或多或少相符的社会形象。在面对我的学生时，我扮演着老师的角色；而在家庭生活中，我是一个父亲。这就是为什么我不会用对学生们说话的方式和我的三个孩子说话。也就是说，我是老师只意味着我选择教书作为职业，这个职业远远无法赋予我某种属性，只能简单地让我在教学过程中表现得像一名教师而已。

通过性别，我们可以认识自己吗？

现在来说说我的性别观念吧，我认为我应该是男性、异性恋者。不过，我的这层身份，是否就像我曾经是小偷的身份一样呢？或者说，我在性别上的自我认知除了生理因素，是否还有社会文化因素？

我需要了解下面的情况：我只会被异性吸引，因此，我认为我是异性恋者，这是确定无疑的，

而且应该是与生俱来的。

同时，我们也要认识到，在这方面，一切都是无法确定的，只有到了生命的最后时刻，在回顾这一生的时候，才有可能评判自己到底是不是这样。事实上，别人可以指责我是想要营造出这样一个假身份来欺骗自己，这就是让-保罗·萨特所说的“自欺”。

异性恋是否是我个人的选择呢？如果性别身份并不是由基因决定的，那么我有没有可能原本不是异性恋者，只不过为了适应社会的主流要求才变成异性恋者？然而，认为一个人的性身份完全是他自由选择的结果，并不太令人信服，人在孩童时代就已经在不知不觉中认定自己的性别了（但在这个阶段，他其实并没有能力自由选择）。从这个观点来说，我无法像选择绘画、马术或说谎那样去选择成为一个女性。因此，这就涉及一件事：我们要了解自己的先天特征，也就是与生俱来的某种倾向。

如何在变化的环境中认识自己？

人类想要确定自己的身份实属徒劳，因为他不像物体那样拥有纯粹而固定的身份，能准确定义自己是什么。由此，我们也就可以理解有的人为什么总希望自己变成某个样子了，因为他无法准确知道自己是谁。这个愿望的初衷往往是无害的，但不应该掩盖自身的情感状态，即便它有时会显得很戏剧化。在青春期，经历相对没那么丰富，很多事情也都还不确定，感受到身份所带来的这种相对不确定性异常强烈。成年人看上去已经打磨成型了，而青春期的年轻人则恰恰相反，他们内心充满了不确定，未来的身份也还没有定型。

> **“在青春期，内心充满了不确定，未来的身份也还没有定型。”**

我们也许更容易理解他们所表现出来的“虚荣”，他们更喜欢或更认可某种造型、某种穿衣

“我是个男人。”

“好吧，没有人是完美的！”

电影《热情似火》

方式和在说话时使用某些特别的词语等。比如，两个年轻人见面时并不会握手，而是击拳致意。我们也同样能够理解有些人是如何变成“时尚受害者”的：即便他们的行为和其他人并没有什么不同，但因为他们穿着看起来反时尚潮流的裤子或鞋子，就被赋予了某种特定的身份。

的确，无论青年人还是老年人，穷人还是富人，所有人都在努力探寻自己的身份。事实上，我们一直在寻找一个不会改变的固定身份（固定认同），想要用它来取代我们所拥有的变化而开放的身份（叙事认同），这就像海市蜃楼一样诱惑着我们。从很小的时候开始，人们就接受了不同的形象设定，并扮演着各自的角色。对于这方面，我们在萨特的《存在与虚无》一书中也能找到相关的证明，比如他描写一个咖啡馆侍者的这个片段：“他的动作灵活而夸张，甚至有些过于准确和敏捷了。他迈着过于灵活的步子来到顾客身边，鞠躬的动作让人感觉有些过于殷勤……他在表演，

NASA

也在自娱。可是他到底在演些什么呢？我们无须观察太长时间就可以了解到，他扮演的是咖啡馆侍者……孩子做身体游戏，是为了探索身体并认清身体的各个器官；咖啡馆侍者在咖啡馆内的表演，是为了实现他的身份。”于是，他让我们记住的，就是他的行为有一些过于夸张，他的一举一动都贴合了自己的社会身份，即一个咖啡馆侍者，就好像这就是他深层次的身份一样。

那些像西部牛仔一样凸显自身男子气概的男性与那些过分彰显自身女性魅力的年轻女孩也是如此，一成不变的刻板形象让他们丢掉了自己的特点。因此，在将自己打造成一个富有魅力的偶像的同时，玛丽莲·梦露就已经不再是玛丽莲·梦露了，而变成了一个没有丝毫人情味、完全由男性意愿支配的洋娃娃。

> **“认为自己具有某个特定身份的想法，同样也可能变得非常危险。”**

认为自己具有某个特定身份的想法，同样也

可能变得非常危险。想想那些生活在维希时期的法国人吧，他们声称自己才代表真正的法国，一个永恒而神圣的法国，但他们却让法国落入了独裁者手中。由此引出了一个哲学问题：做一个法国人意味着什么？怎么才算真正的法国人？是否存在一种专属于法国人的身份？一种能体现出法国人在社会政治经济生活中特点的典型身份？法国在历史的进程中不断地变化着，想要将这样一个时刻变化的身份具体化非常困难。但在法国历史学家**费尔南·布罗代尔**看来，答案仍然是肯定的。

> **“怎么才算真正的法国人？是否存在一种专属于法国人的身份？”**

同样地，我们再来说说传统主义，它经常出现于那些以《圣经》为教义来源的宗教之中，比如犹太教、基督教等。它表现为始终寻求一种不可能存在的永远不变的固定身份，不断增加教规并使教规严格化，以便能更好地辨认和证实自己的身份。对于那些传统主义者来说，就是要先成为一个真正意义上的犹太教徒或基督教徒，然后严格地按照教义规范去生活。可他们忽略了一件事：他们所信奉的宗教作为历史现实的一部分，其本身也是在时时变化的，因而他们自身也被迫以一种变化的身份存在着。

什么时候我们才能真正认清自己？

我们此前已经了解了，在人的身份和由自身属性所决定的物体的身份无法相提并论的前提下，我在什么情况下会成为一个小偷、一名教师和一个异性恋者。这是非常奇怪的一件事，人的身份没办法被固定下来，它总是在时刻变化，并且总是“缓期执行”。这个概念是从刑法中借鉴过来的，它意味着只有在再次违犯法律时才会被执行惩罚。

> **“人的身份没办法被固定下来，它总是在时刻变化，并且总是‘缓期执行’。”**

我是柏林人。
约翰·菲茨杰尔德·肯尼迪
（美国前总统）

也就是说，是否会受到惩罚，一切取决于罪犯接下来会怎么做。对于身份来说，也同样如此。我们的存在是不确定的，因为我们是自由的；只有到了生命结束之前，才有可能盖棺论定，让其他人了解我们是怎样的人。

然而，我们又不能像萨特的存在主义所表述的那样，宣称我们可以选择成为什么样子。我们既无法选择自己出生的时间和地点，也无法选择自己的身体。我们所能够实现的只是一些像移动、说话、孕育后代、死亡这样的具体行为；但有些行为我们是无论如何也做不到的，比如同时出现在两个不同地方，同时面对两个不同方向，在 60 岁时跑得和 20 岁时一样快，等等。而且，对于有些先天的倾向或能力，我们也同样无法自由地选择和支配。

最后，我们必须要了解我们是什么，以及哪些东西不是来自我们自身，而是源于我们的社会阶层、工作环境或是规范我们的存在的那些机构。

同时，我们也要明白，我们永远都无法真正决定自己的思想和行为，也无法真正决定我们是谁。

那么，我是谁呢？是一个身份总会受限于生存条件并且直到最后才能被确认的自由生命。

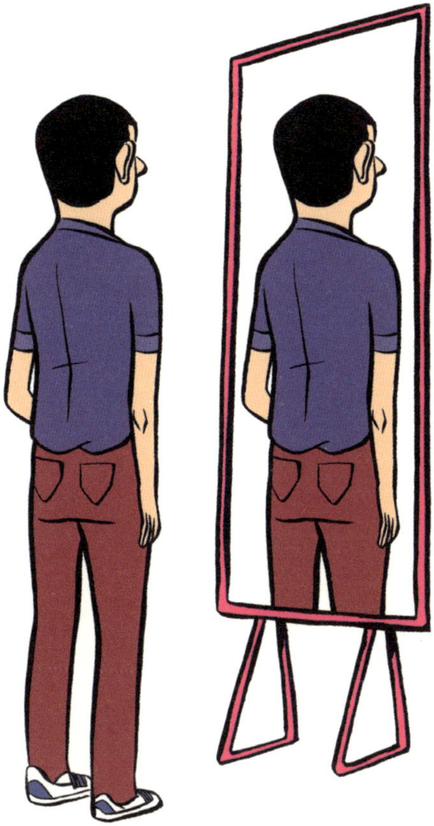